BEI GRIN MACHT SICH IHR WISSEN BEZAHLT

- Wir veröffentlichen Ihre Hausarbeit, Bachelor- und Masterarbeit

- Ihr eigenes eBook und Buch - weltweit in allen wichtigen Shops

- Verdienen Sie an jedem Verkauf

Jetzt bei www.GRIN.com hochladen und kostenlos publizieren

Bibliografische Information der Deutschen Nationalbibliothek:

Die Deutsche Bibliothek verzeichnet diese Publikation in der Deutschen Nationalbibliografie; detaillierte bibliografische Daten sind im Internet über http://dnb.d-nb.de/ abrufbar.

Dieses Werk sowie alle darin enthaltenen einzelnen Beiträge und Abbildungen sind urheberrechtlich geschützt. Jede Verwertung, die nicht ausdrücklich vom Urheberrechtsschutz zugelassen ist, bedarf der vorherigen Zustimmung des Verlages. Das gilt insbesondere für Vervielfältigungen, Bearbeitungen, Übersetzungen, Mikroverfilmungen, Auswertungen durch Datenbanken und für die Einspeicherung und Verarbeitung in elektronische Systeme. Alle Rechte, auch die des auszugsweisen Nachdrucks, der fotomechanischen Wiedergabe (einschließlich Mikrokopie) sowie der Auswertung durch Datenbanken oder ähnliche Einrichtungen, vorbehalten.

Impressum:

Copyright © 2016 GRIN Verlag, Open Publishing GmbH
Druck und Bindung: Books on Demand GmbH, Norderstedt Germany
ISBN: 9783668429406

Dieses Buch bei GRIN:

http://www.grin.com/de/e-book/357272/technologische-entwicklung-herausforderungen-an-die-it-governance-stephen

Marvin Kanal

Aus der Reihe: e-fellows.net stipendiaten-wissen

e-fellows.net (Hrsg.)

Band 2291

Technologische Entwicklung. Herausforderungen an die IT-Governance. Stephen J. Andrioles "Who Owns IT"

GRIN Verlag

GRIN - Your knowledge has value

Der GRIN Verlag publiziert seit 1998 wissenschaftliche Arbeiten von Studenten, Hochschullehrern und anderen Akademikern als eBook und gedrucktes Buch. Die Verlagswebsite www.grin.com ist die ideale Plattform zur Veröffentlichung von Hausarbeiten, Abschlussarbeiten, wissenschaftlichen Aufsätzen, Dissertationen und Fachbüchern.

Besuchen Sie uns im Internet:

http://www.grin.com/

http://www.facebook.com/grincom

http://www.twitter.com/grin_com

CASE STUDY
„Who owns IT? "

IUBH Zulassungsprüfung Master 60 ECTS

Für den Studiengang

Wirtschaftsinformatik

Name, Vorname	Kanal, Marvin
Abgabetermin:	31. August 2016

Inhaltsverzeichnis

1 Einleitung	3
2 Begriffsdefinitionen	3
2.1 IT-Governance	3
2.2 Shadow-IT	4
3 Vorgehensweise	4
4 IST-Analyse	4
4.1 Stärken-Schwächen Profil	5
4.2 Spannungsfeld Unternehmens-IT und Geschäftsbereich	6
3 Herausforderungen IT-Governance	7
5 Soll Konzept	8
6 Empfehlung	9
6.1 Handlungsempfehlung Nr. 1: Prozessgestaltung interaktiver Prozesse	9
6.2 Handlungsempfehlung Nr. 2: Projektorganisation	9
6.3 Handlungsempfehlung Nr. 3: Requirements Engineering	10
7 Fazit	11
8 Quellenverzeichnis	12

I. Abkürzungsverzeichnis

Abkürzung	Bezeichnung
IT	Information Technology
Mind.	Mindestens
SWOT	Strength, Weaknesses, Opportunities and Threats

II. Abbildungsverzeichnis

Abbildung 1 Vorgehensweise bei der Bearbeitung der Case Study 4
Abbildung 2 Analyse anhand eines Stärken und Schwächen Profils der aktuellen Situationen 5
Abbildung 3 Umfrage, ob die Schatten-IT aufgrund der IT-Governance so groß ist 6
Abbildung 4 Umfrage zur Verschiebung der Governance Macht in Richtung der Geschäftsbereiche 7

1 Einleitung

Die Unternehmens-IT ist in den vergangenen Jahren zunehmend wichtiger für sämtliche Geschäftsbereiche geworden. Kaum ein Geschäftsablauf funktioniert mittlerweile ohne IT-Unterstützung.

Die vorliegende Ausarbeitung baut auf dem Artikel *Who owns IT?* von Stephen J. Andriole (2015) auf. Dieser zeigt auf, dass IT-Governance durch die gegenwärtige technische Entwicklung kurz vor einem Wandel steht. In dem Artikel wird dabei vermehrt von der Bedeutung der *Cloud-Dienste* gesprochen. Der Trend der Schnelllebigkeit durch immer kürzere Produktlebenszyklen betrifft auch die Informationstechnologie und stellt diese vor eine neue Herausforderung. Geschäftsbereiche haben den Anspruch, dass IT-Lösungen schnell und individuell an ihre Bedürfnisse angepasst und zur Verfügung gestellt werden. Die Cloud scheint eine Möglichkeit zu sein, diese Schnelllebigkeit zu gewährleisten. Ein negativer Nebeneffekt scheint in diesem Zusammenhang, dass die Unternehmens-IT durch einen Ausweichprozess umgangen wird.

Ziel der bearbeiteten Case Study ist eine kritische Auseinandersetzung mit der aktuellen technologischen Entwicklung und den Einfluss auf die Schatten-IT. Folgende Forschungsfragen sollen durch diese Ausarbeitung beantwortet werden:

- *Wie muss sich das Grundkonzept der IT-Governance entwickeln, um den Anforderungen der Geschäftsbereiche gerecht zu werden?*
- *Welche Handlungsempfehlungen können für die Herausforderung der aktuellen technologischen Entwicklung in Bezug auf das IT-Governance abgeleitet werden?*

2 Begriffsdefinitionen

Das folgende Kapitel soll den notwendigen theoretischen Überblick zu den Begriffen *IT-Governance* und *Shadow-IT* vermitteln.

2.1 IT-Governance

Unter dem Begriff *IT-Governance* versteht man die IT-Unterstützung und das Vorantreiben der Unternehmensziele (Siepermann, o.D., Abs. 1). *IT-Governance* beinhaltet dabei die Grundsätze, Verfahren und Maßnahmen, um Unternehmen bei der Erreichung von Zielen durch IT zu unterstützen. Dadurch wird es möglich, die Anforderungen der Geschäftsbereiche und der Unternehmens-IT aufeinander abzustimmen. Es sollen passende Lösungen ausgearbeitet werden, dabei Ressourcen sparsam verwendet und Risiken ausreichend überwacht werden (Rüter, Schröder, Göldner, & Niebuhr, 2010, S. 19ff.).

2.2 Shadow-IT

Unter dem Begriff *Shadow IT* versteht man die eigenständige[1] Beschaffung, Entwicklung und den Betrieb von IT durch einzelne Mitarbeiter oder einen Geschäftsbereich (Spierling, 2016, Abs. 7). In dieser Fallstudie wird hierbei speziell auf die *Shadow-IT* eingegangen, welche durch Cloud-Lösungen entstehen kann. Durch Schatten-IT entstehen Risiken bspw. in Bezug auf Datensicherheit und Datenkonsistenz (Spierling, 2016, Abs. 7).

3 Vorgehensweise

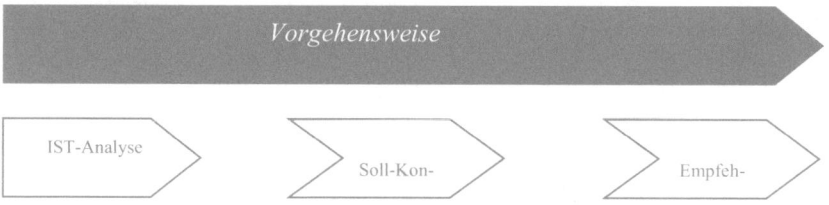

Abbildung 1 Vorgehensweise bei der Bearbeitung der Case Study
(Quelle: Eigene Darstellung)

Die in *Abbildung 1* visualisierten Schritte stellen die *drei Stufen* der Bearbeitung dar. Dies soll eine zielorientierte Vorgehensweise sicherzustellen. In der ersten Stufe (*IST-Analyse*) wird die Ausgangssituation untersucht. Ein *Stärken-Schwächen Profil* soll bei der Identifizierung von Verbesserungspotential unterstützend wirken. Identifizierte Verbesserungspotentiale sollen in ein *Soll-Konzept* anschließend eingearbeitet werden. In der letzten Stufe (*Empfehlung*) werden konkrete Handlungsempfehlungen mit Bezug auf das Change Management ausgearbeitet.

4 IST-Analyse

In diesem Kapitel soll der *Status Quo* untersucht werden um Verbesserungspotentiale zu identifizieren und später auf dieser Grundlage Handlungsempfehlungen auszuarbeiten.

---

[1] In diesem Zusammenhang ist damit die Nicht-Einbindung der Unternehmens-IT gemeint.

4.1 Stärken-Schwächen Profil

Durch ein Stärken-Schwächen Profil[2] soll das Problem und mögliche passende Verbesserungspotentiale auf dieser Grundlage identifiziert werden.

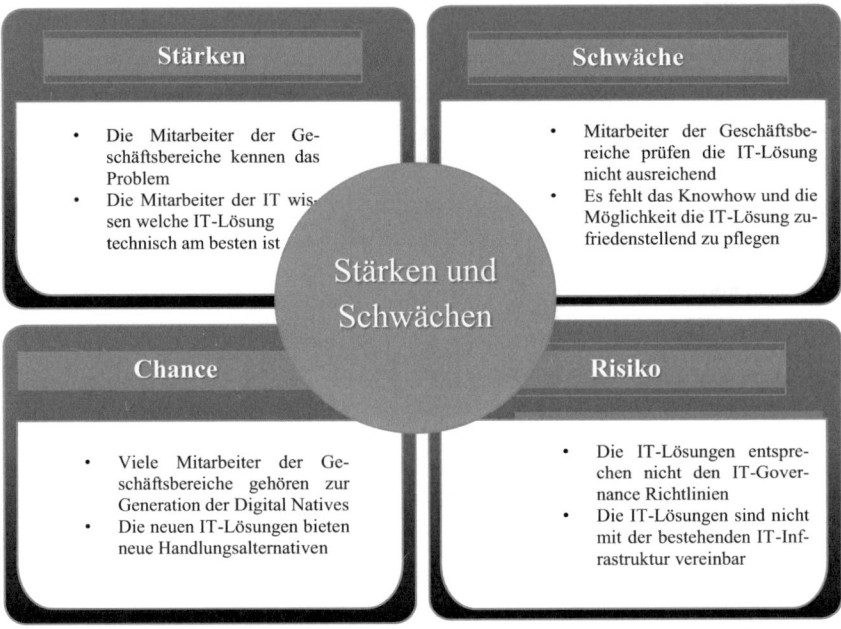

Abbildung 2 Analyse anhand eines Stärken und Schwächen Profils der aktuellen Situationen
(Quelle: Eigene Darstellung in Anlehnung an (Andriole 2015, Abs. 1 - 4))

Abbildung 2 zeigt ein Stärken-Schwächen Profil aus dem Artikel von. Ein Problem ergibt sich bspw, wenn ein Mitarbeiter eines Geschäftsbereiches eine IT-Lösung auswählt und diese nicht mit der bestehenden IT-Infrastruktur vereinbar ist und den IT-Governance Richtlinien widerspricht. Dann kann es sein, dass die IT-Lösung trotz Anschaffung nicht einsetzbar ist. Anders verhält es sich wenn die Mitarbeiter der Geschäftsbereiche das Problem bereits kennen, dass es durch eine IT-Lösung zu lösen gilt. Weiterhin gehören oftmals eine Vielzahl der Mitarbeiter

---

[2] Das Stärken-Schwächen Profil gründet sich auf das SWOT-Modell. Für weitere Informationen wird auf weiterführende Literatur verwiesen. Das Stärken-Schwächen Profil erfolgt auf dem Wissen des Verfassers und dem zu untersuchenden Artikel.

der Generation der Digital Natives[3] an und sind mit IT vertraut und können hierdurch wertvolle Informationen bei der Anschaffung passenden der IT-Lösung einbringen.

4.2 Spannungsfeld Unternehmens-IT und Geschäftsbereich

Es gibt scheinbar zwei Sichtweisen über IT-Lösungen. Während Geschäftsbereiche in der IT eine Möglichkeit sehen, ihren Arbeitsalltag produktiver zu gestalten und betriebliche Probleme zu lösen, ist die Unternehmens-IT bestrebt, sicherzustellen, dass die IT-Lösungen der Geschäftsbereiche den Richtlinien der IT-Governance entspricht. Zu klären gilt, ob die gegenwärtige IT-Governance zur Shadow-IT beiträgt?

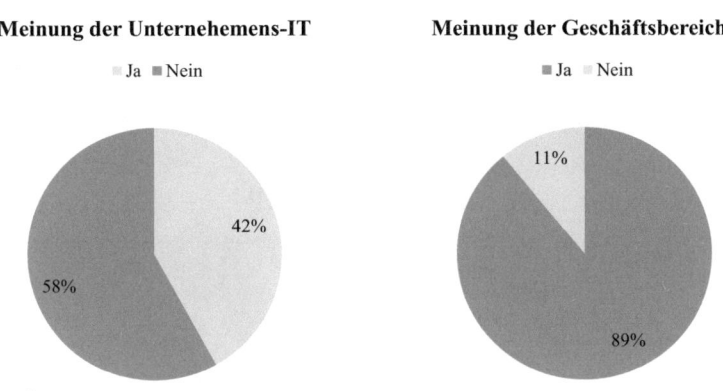

Abbildung 3 Umfrage, ob die Schatten-IT aufgrund der IT-Governance so groß ist
(Eigene Darstellung in Anlehnung an (Andriole 2015, Abs. 4))

In der Abbildung 3 verneinen mit knapp 60% der befragten Mitarbeiter aus der *Unternehmens-IT*, dass die *IT-Governance* zur *Schatten-IT* beitragen. Anders verhält es sich mit den Mitarbeitern der Geschäftsbereiche. Diese bejahten mit knapp 90%, dass die *IT-Governance* zur *Schatten-IT* beitragen. Im Gegensatz zur Unternehmens-IT, streben die Geschäftsbereiche nach einer

---

[3] Hierunter ist die Generation gemeint, die es gewohnt ist Technologien im Alltag zu nutzen. Für weitere Informationen wird auf weiterführende Literatur verwiesen.

Veränderung in Bezug auf IT-Governance, um zukünftig der Schatten-IT entgegenzuwirken. Die nächste Frage, die es zu klären gilt ist, ob eine notwendige Veränderung eine Wandlung der Governance-Machtverhältnisse bedarf?

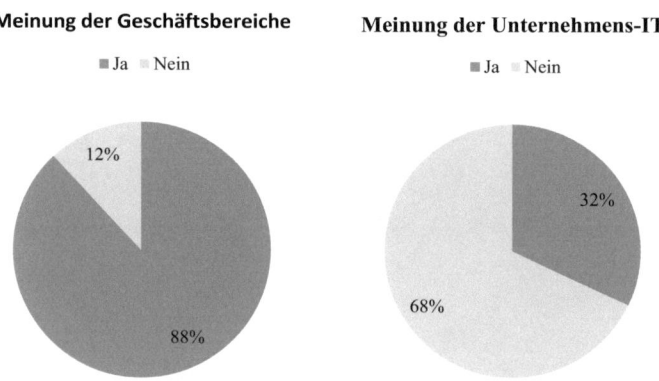

Abbildung 4 Umfrage zur Verschiebung der Governance Macht in Richtung der Geschäftsbereiche

Eigene Darstellung in Anlehnung an (Andriole, 2015, Abs. 4)

Abbildung 4 zeigt, dass die Geschäftsbereiche mit knapp 90% mehr Macht in Bezug auf Governance fordern. Die Unternehmens-IT stimmt einer Verschiebung der Governance-Macht in Richtung der Geschäftsbereiche jedoch mit einer Mehrheit von knapp 70% nicht zu. Es kann vermutet werden, dass die geforderte Veränderung durch die Geschäftsbereiche eine geforderte Verschiebung der Autonomie in Bezug auf IT-Lösungen beinhaltet.

4.3 Herausforderungen IT-Governance

Heutzutage trifft die Unternehmens-IT sämtliche IT-Entscheidungen. Dies führt dazu, dass die IT-Lösung nicht auf das Business-Problem passt oder diese Lösung nicht schnell genug den Geschäftsbereichen zur Verfügung gestellt wird. Die Geschäftsbereiche befinden sich in einem Abhängigkeitsverhältnis gegenüber der Unternehmens-IT. Die Unternehmens-IT entscheidet welche IT-Lösung passend für das Problem des Geschäftsbereichs erscheint, was die Frage aufwirft, ob die Business-Requirements[4] ausreichend bei der Auswahl der IT-Lösung

---

[4] Hierunter werden alle Anforderungen verstanden um das Problem des Geschäftsbereiches zu lösen.

berücksichtigt werden? Die ausgewählte IT-Lösung erfüllt zwar in diesem Fall die IT-Governance Richtlinien, aber das eigentliche Business-Problem wird eventuell nicht gelöst. Die Geschäftsbereiche nehmen deshalb tendenziell vermehrt einen Teil der IT-Aufgaben, u.a. die Auswahl der passenden IT-Lösung, selbst in die Hand. Die Cloud-Dienste machen es möglich, IT-Lösungen einfach bereitgestellt zu bekommen, ohne auf die Unternehmens-IT angewiesen zu sein. Nach einer gewissen Zeit stellt sich jedoch die Frage, wer diese ausgewählte IT-Lösung nach der Inbetriebnahme pflegt? Eine mögliche Gefahr ist weiterhin, dass die IT-Lösung nicht das gesamte Business-Problem abdecken kann, z.b. durch einen nur bedingt anpassbaren Workflow. Als Konsequenz müssen die Unternehmensprozesse an den Workflow der IT-Lösung angepasst werden, da die IT-Lösung nicht an die Prozesse angepasst werden kann. Weiterhin ist es möglich, dass die IT-Lösung nicht konform mit den IT-Governance-Vorgaben in Einklang zu bringen ist. Dies wirft die Frage auf, ob diese IT-Lösung in diesem Fall überhaupt genutzt werden kann? Es bleibt sowohl für die Unternehmens-IT, wie auch die Geschäftsbereiche eine *„Lose-Lose-Situation"*.

5 Soll Konzept

Die Unternehmens-IT verändert sich. Damit ist einerseits die IT selbst gemeint, welche sich durch technische Innovationen verändert, aber auch andererseits die Rolle, welche den IT-Mitarbeitern zugeordnet wird. Der Schlüssel für passende IT-Lösungen lautet Kooperation. Sowohl die Unternehmens-IT als auch die Geschäftsbereiche besitzen notwendiges Knowhow für IT-Lösungen. Die Geschäftsbereiche sollten Business-Requirements an die IT-Lösung erheben. Erste Termine mit den Cloud-Dienst-Anbietern sollten ebenfalls durch die Geschäftsbereiche durchgeführt werden. Wenn die Geschäftsbereiche sicherstellen können, dass alle Business-Requirements durch die IT-Lösung abgedeckt werden, erfolgt die Einbindung der Unternehmens-IT. Diese ist nicht länger die treibende Kraft für IT-Lösungen und ist nur für technische Fragen verantwortlich. Die Unternehmens-IT wird entlastet, ist aber bei den wesentlichen Aufgaben vertreten. Diese soll so wenig wie möglich aber so viel wie nötig involviert werden, dass die Geschäftsbereiche eigenständig passende Lösungen für Ihre Business-Probleme finden. Am Schluss wird geprüft, ob die IT-Lösung technisch das Problem lösen kann und nicht in Konflikt mit der IT-Governance steht. Unter Einbezug von Chancen und Risiken[5] ist eine derartige Zusammenarbeit durchaus sinnvoll, da hierdurch die richtige Lösung schnellstmöglich für das richtige Problem gefunden wird.

---

[5] Siehe dazu *Kapitel 4.1*.

6 Empfehlung

Die Empfehlung dient der Verbesserung des Ist-Zustandes der IT-Governance. Für diesen Zweck wurden die vorliegenden drei Handlungsempfehlungen ausgearbeitet. Alle Handlungsempfehlungen haben Ihre Begründung und mögliche Konsequenzen.

6.1 Handlungsempfehlung Nr. 1: Prozessgestaltung interaktiver Prozesse

Ziel: Erfolgreiche Zusammenarbeit der Unternehmens-IT und der Geschäftsbereiche

Begründung: Die alten Prozesse müssen abgelegt werden oder zumindest angepasst werden. Ein Weg, der eine verbesserte Zusammenarbeit verspricht, ist ein interaktiver Prozess bei der Anschaffung und Implementierung von IT-Lösungen zwischen der Unternehmens-IT und den Geschäftsbereichen. Die „alten" Prozessschritte der IT-Governance sollen durch unterstützende und abteilungsübergreifende ersetzt werden. Die schriftliche Festlegung hilft dabei, dass die geänderten Prozesse nachhaltig umgesetzt werden.

Mögliche Konsequenz: Widerstand der Mitarbeiter bei der Durchführung der interaktiven Prozesse.

6.2 Handlungsempfehlung Nr. 2: Projektorganisation

Ziel: Verschiebung der IT-Autonomie in Richtung der Geschäftsbereiche

Begründung: Um die Zusammenarbeit zwischen den Geschäftsbereichen und der Unternehmens-IT zusätzlich zu den Prozessen zu verbessern, sollte die Anschaffung von IT-Lösungen als Projekt gestaltet werden. Dabei ist ein Projektmitglied aus der Unternehmens-IT zu besetzen um alle technischen Fragen zu beantworten. Die weiteren Projektmitglieder sind aus verschiedenen Vertretern des Geschäftsbereichs zu besetzen. Gerade in der Anfangsphase der Veränderung der IT-Governance kann eine solche Organisation dabei helfen, die neuen Arbeitsschritte durchzuführen bis die Prozesse ausreichend beschrieben, modelliert, getestet und den Mitarbeitern zur Verfügung gestellt worden sind. Lessons Learned in den ersten Projekten können in der Anfangsphase ebenfalls in die Prozesse eingearbeitet werden.

Mögliche Konsequenz: Eintreten einer Abwehrhaltung von Mitarbeitern der Unternehmens-IT, weil diese Ihre Macht nicht abgeben möchten (Zusammenarbeit im Projekte sollte gut durchdacht sein).

6.3 Handlungsempfehlung Nr. 3: Requirements Engineering

Ziel: IT-Lösung passt zum Business-Problem und entspricht den Richtlinien der IT-Governance

Kurzlösung: Alle Requirements der IT und der Geschäftsbereiche sammeln und auswerten.

Mögliche Konsequenz: Zeitaufwendiges Verfahren.

7 Fazit

Die am Anfang dieser Ausarbeitung gestellten Forschungsfragen können nun beantwortet werden.

- *Wie muss sich das Grundkonzept der IT-Governance entwickeln, um den Anforderungen der Geschäftsbereiche gerecht zu werden?*

Diese Forschungsfrage wird durch das *Kapitel 5* in Form eines beschriebenen Soll-Konzeptes beantwortet.

- *Welche Handlungsempfehlungen können für die Herausforderung der aktuellen technologischen Entwicklung in Bezug auf das IT-Governance abgeleitet werden?*

Durch die in *Kapitel 6* beschriebenen Handlungsempfehlungen kann auch die zweite Forschungsfrage beantwortet werden. Die Empfehlungen lassen sich nicht streng linear betrachten. Es ist eine Schleife, welche rekursiv und iterativ durchlaufen werden muss. Aktuell besteht ein Konflikt, um zwischen den Geschäftsbereichen und der Unternehmens-IT. Die technologische Entwicklung, wie bspw. Die Cloud-Dienste, haben zwei Seiten. Es können unkompliziert und schnell IT-Lösungen zur Verfügung gestellt werden, aber es entstehen auch neue Sicherheitslücken und damit Risiken. Die Zeit ist vorbei, in der die IT den Geschäftsbereichen in Belangen der IT strenge Richtlinien auferlegt hat. Die Unternehmens-IT ist nicht nur für die Sicherstellung der Infrastruktur verantwortlich, sondern ein Dienstleister für die Mitarbeiter. Die Mitarbeiter sind die Kunden um die es geht und der Kunde ist bekanntlich König. Durch die Wandlung der IT-Governance wird zukünftig sichergestellt, dass die Ziele der Mitarbeiter der Unternehmens-IT und Geschäftsbereiche mit den Zielen des Unternehmens vereinbar sind.

8 Quellenverzeichnis

Andriole, S. J. (2015). *Who Owns IT?*. *Communication of the ACM*, **58** (3), 50 -57.

Rüter, A., Schröder, J., Göldner, A., & Niebuhr, J. (2010). *IT-Governance in der Praxis: Erfolgreiche Positionierung der IT im Unternehmen.* Berlin Heidelberg: Springer-Verlag.

Siepermann, M. (22. November 2016). *Springer Gabler.* Von http://wirtschaftslexikon.gabler.de/Definition/it-governance.html abgerufen

Spierling, D. (13. November 2016). *Springer Professional.* Von https://www.springerprofessional.de/datensicherheit/naturwissenschaftlich-technische-anwendungen/schatten-it-gefaehrdet-die-betriebliche-sicherheit/10348082 abgerufen

BEI GRIN MACHT SICH IHR WISSEN BEZAHLT

- Wir veröffentlichen Ihre Hausarbeit, Bachelor- und Masterarbeit

- Ihr eigenes eBook und Buch - weltweit in allen wichtigen Shops

- Verdienen Sie an jedem Verkauf

Jetzt bei www.GRIN.com hochladen und kostenlos publizieren